Roland Dittrich

Das Auge vom Bodensee

Deutsch als Fremdsprache

D1726694

Ernst Klett Sprachen
Stuttgart

Roland Dittrich
Das Auge vom Bodensee

1. Auflage   1   5 4 3 2 1 | 2012 2011 2010 2009 2008

Alle Drucke dieser Auflage können nebeneinander benutzt werden,
sie sind untereinander unverändert. Die letzte Zahl bezeichnet das Jahr
des Druckes.

www.klett.de

Redaktion: Jutta Klumpp-Stempfle
Zeichnungen: Sepp Buchegger, Tübingen
Umschlaggestaltung: Elmar Feuerbach
Satz: Swabianmedia, Stuttgart
Druck: AZ Druck und Datentechnik GmbH, Kempten / Allgäu
Printed in Germany.

Tonregie und Schnitt: Ton in Ton Medienhaus, Stuttgart
Sprecher: Stephan Moos

ISBN 978-3-12-556009-3

Inhalt

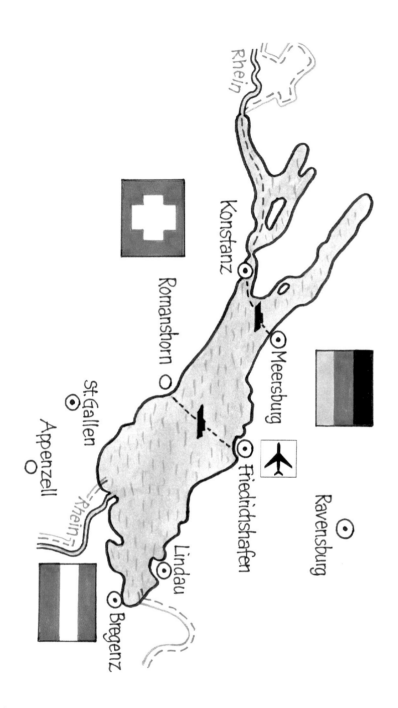

Rhein

Konstanz

Romanshorn

St.Gallen

Appenzell

Rhein

Meersburg

Friedrichshafen

Lindau

Bregenz

Ravensburg

4

Personen

Urs Hägi, 28 Jahre alt, Schweizer, kommt aus *Appenzell*, lebt in *St. Gallen*. Er ist sportlich, sieht gut aus, ist natürlich, ruhig, nicht dumm und liebt das Leben. Er hat ein Motorboot, ist im Winter Skilehrer und arbeitet für eine Firma in *St. Gallen*.

Hanna Perner, 44 Jahre, Österreicherin aus *Wien*, rote Haare, elegante Frau mit viel Charme und Lebensfreude. Sie lebt in *Bregenz* und hat dort eine Edelboutique mit Accessoires, Schmuck und teuren Uhren.

Gerd Fischer, 35 Jahre, echter Oberschwabe aus *Friedrichshafen* am *Bodensee*. Er ist ein ruhiger und ernster Mann, er ist verheiratet und hat zwei Töchter. Am Flughafen *Friedrichshafen* arbeitet er als Leiter der Frachtabteilung. Sein Hobby sind Zeppeline.

*

Berta Hägi, 60 Jahre, Witwe, Mutter von Urs. Sie ist Appenzellerin und besitzt dort eine Käserei.

Thea Fischer, 33 Jahre, Ehefrau von Gerd Fischer und Mutter von **Jasmin**, 7 Jahre, und **Luisa**, 9 Jahre. Die Familie Fischer hat seit zwei Jahren ein neues Haus.

Willi Keller, 45 Jahre, Chef der Firma ARGUS in *St. Gallen*. Er hat gute Kontakte zur Schweizer Uhrenindustrie.

Säntis in der Schweiz

„Komm rauf, kannst runterschauen!", steht auf einem Schild oben auf dem *Säntis.*

„Gerd, schau mal, was da steht – das ist doch lustig!" Hanna freut sich, denn sie liebt die Berge.

5 „Ja gut, aber fahren wir jetzt endlich runter."

„Aber Gerd, schau mal, da unten: unser See, der schöne *Bodensee!*"

„A bissle weit weg", meint Gerd und schnallt seine Ski an.

10 „Jetzt warte doch mal und schau, da unten, ganz klein. Ich glaube, ich sehe das ‚Auge vom See'!", ruft Hanna und zeigt hinunter. Aber Gerd hat keine Lust mehr. „Komm jetzt, wir haben noch wichtige Geschäfte.

15 Wir waren schon zu lange hier oben."

„Also gut, fahren wir." Hanna ist ein bisschen traurig. „Also manchmal ist Gerd doch sehr langweilig und … Gut, dass er nicht mein Mann ist!", denkt sie.

---

1 **rauf** herauf – 5 **runter** hinunter – 6 **schauen** hinsehen – 8 **a bissle** *schwäbisch für* ein bisschen – 9 **der Ski, -** damit fährt man durch den Schnee – 9 **schnallt die Ski an** macht die Ski fertig zur Abfahrt – 12 **rufen** laut sprechen – 14 **Geschäfte haben** *hier:* kaufen und verkaufen

Sie fahren durch die schöne weiße Winterlandschaft, hinab bis zur *Meglisalp*. Danach geht es auf den *Rotsteinpass*. Beide sind gute Skifahrer und sie kommen bald in *Unterwasser*, im Hotel ‚Säntis‘, an.

5 „Wann treffen wir uns wieder? In einer halben Stunde?" Gerd will schnell an die Arbeit.

„Nur eine halbe Stunde? Ich brauche aber meine Zeit!", sagt Hanna kurz, lässt ihre Ski einfach liegen und geht hinauf in ihr Zimmer.

„Diese Frau, was denkt die eigentlich?", sagt Gerd zu sich und
10 räumt seine und ihre Ski auf. „Als Geschäftsfrau ist sie ja gut, aber sonst ..."

„Exgüsi", ein älterer Herr in grauem Anzug spricht ihn an, „können Sie mir sagen: Wie spät ist es?"

Gerd schaut auf seine Uhr. „Halb vier."

15 „Merci! Oh, Sie haben aber eine schöne Uhr! Ist das eine ‚Rolex‘?" Der Herr ist neugierig.

„Nein, nein, das ist eine ‚Breitling‘ – das neueste Modell." Gerd freut sich über das Interesse.

20 „Die ist aber sehr teuer, oder? Für mich sicher zu teuer."

„Na ja, sehen wir mal. Wir haben da ein paar Sonderangebote. Treffen wir uns doch nachher an der Hotelbar", schlägt
25 Gerd vor.

„Das ist aber nett von Ihnen. Also bis später! Adieu!"

*

Gerd kommt in die Lobby, und da sitzt auch schon Hanna und wartet auf ihn. „Na, eine halbe Stunde? Ich bin pünktlich gewesen!" Gerd will sich entschuldigen: „Du, ich musste ja noch unsere Ski
30 aufräumen. Und da war ein netter älterer Herr. Mit dem habe ich über meine neue Uhr gesprochen. Der hat vielleicht Interesse."

---

10 **Geschäftsfrau** Frau, die Geschäfte macht – 12 **Exgüsi!** *schweizerdeutsch für* Entschuldigung! –
15 **Merci!** *schweizerdeutsch für* Danke! – 18 **das neueste Modell** die neueste Mode – 26 **Adieu!**
schweizerdeutsch für Auf Wiedersehen! – 27 **die Lobby** Erdgeschoss des Hotels mit Empfang –
30 **habe ... gesprochen** → sprechen

Hanna sagt ganz leise und scharf: „Gerd, lass das! Das ist nicht ungefährlich – mit fremden Menschen. Lass mich das machen. Bitte!"

„Ja, gut. Aber wir wollten uns an der Hotelbar treffen." Gerd schaut
5 sich um. „Ich sehe ihn nicht. Vielleicht kommt er später ..."
Plötzlich sieht Hanna jemand. „Schau doch mal, wer da sitzt. Urs! Unser Skilehrer!"
Er sieht sie auch und kommt her.
„Grüezi Hanna, grüezi Gerd! Was macht das Skifahren?"
10 „Ja, servus! Heuer geht es immer besser – wir hatten ja auch einen super Lehrer!", antwortet Hanna. Sie freut sich sehr, dass sie ihren früheren Skilehrer wieder sehen. Sie hatten letzten Winter viel Spaß mit ihm, und Hanna findet ihn toll.
„Und Freunde, was macht ihr hier in diesem Hotel?" Urs setzt sich
15 zu ihnen.
„Geschäfte. Wir sind geschäftlich hier", erklärt Hanna.
„Und was für Geschäfte sind das?" Urs will es genau wissen.
„Aber wartet mal ... Ich hole uns erst was zu trinken." Urs geht kurz weg.
20 „Hanna, er fragt bestimmt weiter. Was sagen wir ihm?" Gerd ist nervös.
„Du, ich vertraue ihm, der ist in Ordnung. Vielleicht hat er auch ein paar gute Ideen. Er hat nämlich dauernd auf unsere Armbanduhren geschaut." Hanna macht sich keine Sorgen.
25 Da kommt Urs auch schon zurück. „Hier sind unsere Getränke. Worauf trinken wir? Auf das schöne Leben? Auf die guten Geschäfte?"
„Auf die Freundschaft!", antwortet Gerd.
„Auf die Liebe!", sagt Hanna und sie trinken.
30 „Eure Geschäfte müssen ja gut gehen", meint Urs.
„Warum?", will Hanna wissen.
„Na, weil ihr so teure Uhren tragt – eine ,Rolex', eine ,Breitling' ..." Er hat scharfe Augen.

---

9 **Grüezi!** *schweizerdeutsch für* Guten Tag! – 10 **Servus!** *österreichisch für* Hallo! – 10 **heuer** *österreichisch für* in diesem Jahr – 11 **super** *toll* – 12 **der Skilehrer** *gibt Kurse im Skifahren* – 16 **geschäftlich** *hier:* um etwas zu verkaufen – 23 **hat ... geschaut** → schauen – 33 **scharfe Augen** *hier:* sehr gute Augen

„Du kannst dir doch auch so eine Uhr kaufen, oder nicht?", fragt Gerd.

„Nein, leider nicht. Der Job als Skilehrer bringt nicht so viel, auch nicht meine Arbeit in *St. Gallen*. Und mein Boot, unten am See, das kostet auch viel Geld. Also, ich muss noch etwas anderes finden … Habt ihr eine Idee?"

„Vielleicht", sagt Hanna, „sprechen wir beim Abendessen darüber? Um acht?"

„Ja, gern. Also dann bis später."

„Hanna, was war denn das? Glaubst du vielleicht …?" Gerd ist nicht einverstanden.

„Ja, Gerd, ich meine: Was uns fehlt, ist ein dritter Mann mit guten Verbindungen in die *Schweiz*."

„Ja klar, aber der Urs? Geht das wirklich gut?"

„Komm, sei mal optimistisch! Ich glaube, der Urs ist der Richtige für uns."

*

„Also, wie macht ihr denn das – mit den Schweizer Uhren?", fragt Urs sehr interessiert.

„Pscht, nicht so laut! Gehen wir lieber dort in die Ecke!" Gerd ist sehr vorsichtig.

„Nein, nein, zuerst essen wir was Gutes und dann sprechen wir über das Geschäft", schlägt Hanna vor.

Und sie bestellen ‚Zürcher Geschnetzeltes' und ‚Berner Rösti' und dazu …

Nach dem Essen kommt Urs auf das Thema zurück. „Also, wie macht ihr das mit den Uhren?"

„Na ja, ich arbeite doch am Flughafen in *Friedrichshafen*, im Frachtbüro … Und da kommen die Uhren an! Das weiß natürlich

---

4 **das Boot** kleines Schiff – 15 **optimistisch** positiv denken – 32 **die Fracht** Material und Pakete, die ankommen, *hier:* mit dem Flugzeug

außer mir niemand, auch nicht der Zoll. Nur ich weiß, in welchen Paketen die Uhren sind. Sie kommen meistens aus Asien über Moskau. Aber erste Qualität!", erklärt Gerd.

„Aha! Und wie geht's dann weiter?", fragt Urs.

5 „Gerd bringt alles zu mir nach *Bregenz*. Dann machen wir die Preise – natürlich unter dem normalen Preis, aber nicht zu billig", erklärt Hanna weiter.

„Und wo verkauft ihr dann die Uhren?" Urs will es ganz genau wissen.

10 „Na, in meiner Boutique oder bei besonderen Events, in großen Hotels – auch übers Internet. Immer als Sonderangebote."

„Ja, und die Leute glauben wirklich, dass es echte Schweizer Uhren sind?" Urs schaut Hanna mit großen Augen an. „Diese Uhren sind doch gefälscht!"

15 Gerd findet, dass Urs zu viel fragt. Aber er erzählt weiter: „Wir haben ja Zertifikate, dass die Uhren echt sind."

„Zertifikate? Woher?"

„Na, die sind auch nicht echt", antwortet Hanna und lacht.

„Das ist aber ..." Urs kann nicht zu Ende sprechen.

20 „Du meinst kriminell? Kein schönes Wort. Wir sehen uns aber nicht als Kriminelle. Wir bringen nur Uhren ins Land und verkaufen sie viel billiger als die echten. Was ist daran so negativ?" Gerd ist jetzt richtig böse.

„Schau mal, wir sind doch nur kleine Fische. Da laufen doch viel

25 größere Geschäfte", erklärt Hanna ganz ruhig.

„Wenn du nicht willst, dann lass es. Du musst nicht mitmachen", meint Gerd nicht sehr höflich.

„Hört mal, ihr beiden, so war das doch nicht gemeint. Ich wollte nur wissen, wer da noch mitspielt – eine Mafia oder so. Also, ich bin

30 dabei. Ich mache mit!"

---

10 **die Boutique** kleines Geschäft für Kleidung, Schmuck usw. – 12 **echt** original – 14 **gefälscht** sieht echt aus, ist aber nicht echt – 17 **das Zertifikat, -e** offizielles Papier, dass etwas echt ist – 20 **kriminell** gegen das Gesetz – 21 **Kriminelle** Personen, die anderen Menschen Böses und Schlechtes tun – 24 **kleine Fische** *hier:* nicht so wichtig

Vier Monate später in *St. Gallen*. Es ist ein schöner Sommertag.

In der Altstadt, in der *Gallusstraße 12*, ist im zweiten Stock das Büro der Detektei ARGUS. Man hört, es wird dort laut diskutiert.

Willi Keller, der Chef, hat gute und schlechte Nachrichten. Zuerst
5 die gute Nachricht: „Unsere Firma hat einen guten Namen, und jetzt ist von ‚Breitling‘, von dieser bekannten Uhrenfirma, ein ganz großer Auftrag hereingekommen.“

Die Mitarbeiter freuen sich und applaudieren.

10 „Ja, das ist toll! Und auch der Verband der Schweizer Uhrenindustrie möchte jetzt unsere Hilfe. Die neueste Statistik sagt: Vier Millionen
15 Schweizer Uhren sind im Umlauf, aber – jetzt kommt es: nur 2,2 Millionen Uhren wurden in der *Schweiz* hergestellt. Alle anderen ...“

---

2 **die Altstadt** der alte, historische Teil einer Stadt – 3 **die Detektei** privates Detektivbüro – 7 **der Auftrag** besondere, große Aufgabe – 9 **applaudieren** mit den Händen klatschen, weil man etwas gut findet – 11 **der Verband** Organisation von Firmen und Institutionen – 15 **im Umlauf** *hier:* Uhren werden benutzt oder verkauft – 16 **wurden ... hergestellt** → **herstellen**

„... sind gefälscht", ergänzt Nicole, eine Mitarbeiterin von Willi Keller.

„Ja, genauso ist es. Auf der ganzen Welt werden falsche Schweizer Uhren hergestellt und als echte Uhren verkauft – ein schwerer Schaden!"

„Wir haben doch die Polizei und den Zoll? Warum tun die nichts dagegen?", fragt der Kollege Berthold.

„Wahrscheinlich tun die nicht genug oder sie tun mal wieder nicht das Richtige", antwortet der Chef und alle lachen.

„Na, das ist doch ein interessanter Auftrag für ARGUS – nicht immer diese langweiligen Ehe- und Partnerprobleme", freut sich Nicole.

„Klar! Wir sollen die Schmuggler und ihre Wege finden und dann diese Informationen weitergeben. Ein interessanter Job, aber auch nicht leicht. Und dann ist da ja auch noch unser Auftrag für ‚Rolex'."

„Und was ist jetzt die schlechte Nachricht?", fragt Nicole.

„Von unserem besten Mann, unserem ‚Auge vom Bodensee', höre ich seit Tagen nichts mehr. Keine Informationen – nichts!"

„Unser ‚Auge …' fährt wahrscheinlich mit seinem Boot auf dem *Bodensee* herum", meint Nicole.

„Oder er ist in seinem Kanton, in seiner Käsefabrik in *Appenzell*", meint der Kollege Berthold und lacht.

„So, jetzt ruf ich noch mal an … Hallo!", ruft Keller ins Telefon, „da bist du ja. Wo steckst du? Du hast doch einen Auftrag. Wann kommt endlich etwas von dir? Was, du hast eine heiße Spur? Egal! Am Montag kommst du ins Büro, klar!"

„Unser ‚Auge' spielt wieder einmal James Bond, da unten am See", sagt Berthold. Alle Kollegen lachen.

*

„Hoi Mama!", sagt Urs und umarmt seine Mutter.

„Hoi Bääli, das ist aber schön, dass du mich mal wieder besuchst!" Urs Hägi fühlt sich in seiner Heimat, in *Appenzell*, sehr wohl.

---

5 **der Schaden** *hier:* die Industrie verliert viel Geld – 12 **der Schmuggler, -** Person, die verbotene Sachen in ein Land bringt – 25 **eine heiße Spur** etwas Wichtiges finden und dort weitersuchen – 29 **Hoi!** *schweizerdeutsch für* Hallo! – 29 **umarmen** jemanden in die Arme nehmen (*hier:* aus Liebe und Freude)

Da sind die grünen Hügel vor den hohen Bergen, die Bauernhöfe

und die freundlichen braunen Kühe.

Die Familie Hägi hat eine Käserei. Auch von dort kommt der sehr berühmte ‚Appenzeller Käse'. Leider lebt der Vater von Urs nicht mehr. Und seine beiden Schwestern wohnen und arbeiten in *St. Gallen* und in *Zürich*.

„Ja Bueb, was machst du denn die ganze Zeit?"

„Mama, ich arbeite doch für eine Detektei in *St. Gallen*."

„Ist das denn nicht gefährlich? Und verdienst du auch genug?"

Und dann will sie noch etwas wissen. „Sag mal, hast du denn eine Freundin? Und denkst du auch mal ans Heiraten – in deinem Alter?"

Urs will antworten, da kommt ein Anruf auf seinem Handy.

„Wer war denn das? Deine Freundin? Bring sie doch ..."

„Nein, liebe Mama, das waren Geschäfts-freunde aus *Bregenz*. Die wollen, dass ich sie noch heute treffe."

„Was, am Sonntag?"

„Sei nicht bös', ich muss wirklich weg, aber ich komme bald wieder."

Seine Mutter gibt ihm noch einen großen ‚Appenzeller Käse' mit.

„Der ist für deine Freunde."

Aber Berta Hägi macht sich Sorgen und denkt: „Was sönd das fö Fründ ond Gschäft ... em Sonntig??"

---

1 **der Hügel, -** kleiner Berg – 14 **der Bueb** *schweizerdeutsch für* Junge *oder* Sohn – 31 **Was sönd das fö Fründ ond Gschäft ... em Sonntig?** *schweizerdeutsch für* Was sind das für Freunde und Geschäfte ... am Sonntag?

„Die sind ja fantastisch, super!" Gerd Fischer packt die Uhren aus.
Er ist bei Hanna Perner in ihrer Boutique, in *Bregenz* am *Bodensee*.
Heute am Sonntag ist sie natürlich geschlossen und niemand kann
sie stören.

5 „Die sind am Freitag bei mir am Flughafen angekommen, mit dem
Flug aus Moskau – beste Qualität aus Asien."
„Und das merkt niemand?" Hanna wundert sich.
„Du, das ist ganz einfach. Ich stelle die Pakete mit den Uhren in
mein Büro. Dann warte ich, bis die Kollegen nach Hause gehen.
10 Dann erst mache ich die Pakete auf und kontrolliere alles."
„Ja, aber wir müssen aufpassen. Es ist zwar ein sehr gutes Geschäft,
aber auch mit hohem Risiko", meint Hanna.
„Ich mache mir mehr Sorgen wegen Urs. Ist er wirklich ein sicherer
Partner?" Gerd hat immer noch Zweifel.
15 „Ich denke schon. Und wir müssen auch in der *Schweiz* verkaufen.
Außerdem wird er jetzt bald hier sein und dann besprechen wir
alles mit ihm. Also Gerd, wir sollten es mit ihm probieren."
„Na gut, aber wir treffen ihn besser zuerst an einem neutralen Ort.
Was meinst du, Hanna?"
20 „Gute Idee! Er soll zur Anlegestelle am See kommen, direkt beim
Festspielhaus. Ich rufe ihn noch einmal an."
Hanna nimmt ihr Handy. „Hallo, Urs, wo bist du gerade? Schon mit
dem Boot auf dem See? Sehr gut. Komm bitte zur Anlegestelle am
Festspielhaus. Wir warten dort auf dich. Um drei, sagst du? Gut, bis
25 dann!"

*

Urs kommt mit seinem Boot an. „Grüezi Hanna, grüezi Gerd! Das
ist aber ein schöner Treffpunkt – direkt neben der Bühne mit dem
großen Auge!"
„Ja, das ist die Kulisse für die Oper ‚Tosca'", erklärt Hanna stolz.

---

12 **das Risiko** es kann immer etwas passieren – 14 **der Zweifel** man glaubt nicht an etwas – 20 **die
Anlegestelle** Stelle für Abfahrt und Ankunft der Schiffe – 21 **das Festspielhaus** dort wird direkt am
See eine Oper gespielt – 27 **die Bühne** auf der wird Theater gespielt

„Grandios! Das ‚Auge vom Bodensee‘!"
Und für sich denkt Urs: „Na, das passt ja
… mich nennt man doch auch das ‚Auge
vom …‘."

*

5 Von der *Seebühne* fahren sie zur Boutique
von Hanna ins Zentrum von *Bregenz*.
Auf dem Ladentisch liegen sie, die schönen ‚Schweizer‘ Uhren. Urs
prüft sie lange und genau. „Sehr gute Qualität! Fast kein Unterschied
zu den Originalen! Klasse!"

„Woher kennst du dich mit
Uhren so gut aus, das ist
doch nicht dein Beruf?",
fragt Hanna. Sie hat plötzlich
ein komisches Gefühl.

„Na ja", antwortet er schnell,
„von meinem Großvater,
der hat nämlich Uhren ge-
sammelt." Hanna und Gerd
merken aber, dass Urs jetzt
etwas unsicher ist.

„Also, denkst du, dass du die Uhren in der *Schweiz* verkaufen
kannst?", fragt Gerd dann vorsichtig.
„Ich denke schon. Denn wir haben viele Touristen, aus der ganzen
Welt, und einige wollen ein besonders wertvolles Souvenir nach
Hause mitnehmen – zum Beispiel eine Schweizer Armbanduhr."
Urs zeigt sich optimistisch.
„Also, dann nimm mit, was du brauchst", sagt Hanna.
Urs wählt die besten Uhren aus und packt sie in einen kleinen
Metallkoffer.
Hanna und Gerd begleiten Urs zum Ufer. Dort steigt er mit dem
Koffer in sein Boot und fährt los.

---

1 **grandios** groß und schön – 3 **nennen** einen Namen geben – 10 **kennt sich … aus** weiß Bescheid,
ist ein Spezialist – 30 **begleiten** mit jemandem mitgehen – 30 **das Ufer** das Land, direkt am See

„Warum hat er denn keine Angst vor dem Zoll? Die haben doch auch Boote." Gerd wundert sich.

„Vielleicht kennt er die Leute", meint Hanna.

„Was sagst du da??"

 4

5 Ankunft 15:30. Das Flugzeug aus Moskau ist ganz pünktlich. Heute kommt eine wichtige Fracht.

Gerd wartet ruhig in seinem Büro, bis die Pakete ankommen. Dann geht er schnell los, denn jetzt kommen gleich die Leute vom Zoll. Er sucht und findet ein Paket auf dem ‚Werkzeug' steht. Er nimmt es

10 mit in sein Büro. Die Kollegen merken nichts.

Dann wartet er wieder. Endlich ist es 17 Uhr! Alle gehen nach Hause.

„Ich muss leider noch arbeiten. Ade! Schönen Abend!", wünscht Gerd.

15 Jetzt kann er das Paket aufmachen! Oben liegen die Frachtpapiere, eine Rechnung und die Kontonummer einer Bank in *Bregenz*.

„Alles in Ordnung … zum Glück!", denkt er.

Und darunter sind viele schöne, neue ‚Schweizer' Armbanduhren.

Plötzlich hört er etwas und macht das Paket schnell zu.

20 Eine Kollegin kommt zurück. „Hallo Herr Fischer, ich habe schon

wieder was vergessen. Arbeiten Sie nicht mehr so lange. Also dann bis morgen. Ade!"

25 Gerd ist nervös. „Hat sie etwas gemerkt? Sie hat das Paket gesehen … Ich muss das nächste Mal noch vorsichtiger sein!"

30 Schnell packt er alles in einen Koffer und fährt nach Hause.

---

*

Zu Hause bei den Fischers. Es ist spät, die Kinder schlafen schon. Gerd sitzt am Schreibtisch. Die Rechnung vom Flughafen macht ihm Kopfschmerzen: Überweisung schon in zwei Wochen! Er greift zum Telefon und will eine Nummer wählen.

In diesem Moment kommt seine Frau herein. „Gerd, ich muss mit dir sprechen."

„Thea, hat das nicht Zeit bis morgen … bitte!"

„Nein, tut mir leid, dass ich störe, aber ich kann nicht schlafen."

„Du bist sehr unzufrieden, stimmt's? Ich arbeite zu viel." Gerd kennt das schon.

„Ja, genauso ist es! Du arbeitest zu viel … oft bis spät abends am Flughafen und dann auch noch zu Hause! Du hast fast keine Zeit für die Kinder und für mich."

„Du hast ja recht", sagt Gerd. „Aber das sind sehr wichtige Geschäfte."

„Was denn für Geschäfte?", fragt Thea.

„Na, du weißt doch … der Export von Schweizer Uhren. Wir müssen unser Haus abzahlen, und dafür verdiene ich am Flughafen nicht genug."

„Ja, aber das Leben ist doch auch wichtig! Nicht nur unser Heisle!"
Sie ist wirklich unzufrieden.

„Thea, es geht leider nicht anders."

„Und warum musst du so oft am Wochenende weg? Die Nachbarn reden schon darüber, dass du vielleicht …!" Das findet Thea besonders schlimm.

„Ich treffe mich mit Geschäftspartnern. Thea, versteh doch bitte!"

„Gerd, ich gehe wieder arbeiten, wenigstens halbtags. Dann musst du diese Geschäfte nicht mehr machen", schlägt Thea vor.

---

22 **abzahlen** für den Kredit einer Bank jeden Monat zahlen – 24 **das Heisle** *schwäbisch für* Haus – 31 **halbtags** *hier:* nur einen halben Tag arbeiten

„Nein, bitte nicht! Du hast so viel Arbeit mit dem Haushalt und den Kindern. Und das ist auch wichtiger."

Gerd hat aber eine gute Idee. „Thea, warum machen wir nicht am Sonntag einen Ausflug in die *Schweiz*, alle zusammen?"

5 „Ja, … und wohin dort?"

„Wir fahren mit dem Schiff nach *Romanshorn*. Da treffe ich meine Geschäftsfreunde und du kannst sie kennen lernen."

„Na gut."

  5

10 Am Sonntag ist sehr schönes Sommerwetter. Und der *Bodensee* liegt da … glatt und silbern.

15 Die ganze Familie Fischer steigt in *Friedrichshafen* auf die Fähre.

Die Kinder quengeln.

„Papa, wohin fahren wir?", fragt Luisa.

20 „Nach *Romanshorn.*"

„Warum? Was gibt es dort?"

„Wir treffen dort Freunde von mir. Ich bin mit ihnen verabredet."

„Welche Freunde sind das denn? Warum müssen wir die treffen?"

„Es gibt dort sicher einen Spielplatz, oder ihr könnt auch am Wasser

25 spielen."

„Das gibt es doch auch bei uns in *Friedrichshafen.*"

„Jetzt ist aber Schluss! Das wird bestimmt ein schöner Tag für uns alle."

„Und was ist in deinem Koffer drin?", fragt Jasmin neugierig.

30 „Wichtige Sachen für meine Freunde."

„Was für Sachen?" Luisa will es genau wissen.

18 **quengeln** *hier:* unzufrieden sein

18

„Was soll denn das? Ihr fragt ja wie die Leute vom Zoll oder von der Polizei." Diese Fragen sind Gerd sehr unangenehm.

„Vielleicht wollen die das auch wissen", meint Thea, „das sieht doch aus wie ein Geldkoffer."

5 „Da sind nur Papiere drin, deshalb ist er auch so schwer." Jetzt muss Gerd lügen.

Er kauft den Kindern ein Eis. Sie fahren über den ruhigen See und sehen vom Bug des Schiffes aus die Wälder und Berge am Ufer – es ist alles sehr schön.

10 „Warum lügst du die Kinder an", fragt Thea leise, „ich weiß doch, was in dem Koffer ist."

„Wie bitte?"

„Frag doch nicht so dumm! Uhren sind drin. Uhren … warum, das weiß ich leider nicht."

15 „Woher weißt du …? Muss das jetzt sein? Vor den Kindern? Ich kann dir das später erklären."

„Versprichst du mir das?" Theas

20 Stimme wird noch schärfer.

„Streitet ihr beide schon wieder?", fragt Luisa.

25 „Nein, nein, wir diskutieren nur", antwortet Gerd.

Er will jetzt keinen Stress.

„Schaut mal, da oben … ein Zeppelin! Direkt über uns!" Gerd zeigt

30 hinauf zum Himmel.

„Papa, können wir auch mal damit fahren?", fragt Jasmin.

„Oh, ja … bitte, bitte!", ruft Luisa.

*

8 **der Bug** der vordere Teil des Schiffs – 30 **der Himmel** (Luft)Raum über der Erde

Die Fähre kommt in *Romanshorn* an. An der Anlegestelle stehen schon Hanna und Urs. Sie winken.

Gerd geht mit seiner Familie an Land. Dort warten die Männer vom Zoll und von der Grenzpolizei. „Grüezi! Ihre Ausweise, bitte!"

5 „Hoffentlich muss ich den Koffer nicht öffnen … dann ist alles aus", denkt Gerd. Er ist sehr nervös.

Aber die Leute vom Zoll winken sie durch. Eine Familie mit Koffer,

das ist nicht verdächtig. Da kommen auch schon Hanna und Urs und begrüßen ihn und seine Familie. Gerd stellt alle vor. „Wo ist denn jetzt der Spielplatz?", fragt Luisa.

15 „Jetzt kommt erst mal … wir gehen zuerst ein bisschen spazieren", meint Gerd.

Aber die beiden Mädchen finden das sehr langweilig.

20 „Ach so, hier … der ist für dich." Gerd gibt Hanna den Koffer.

Jasmin und Luisa finden das komisch. Warum gibt der Vater seinen Koffer her?

Da hat Urs eine Idee: „Hört mal, in *Romanshorn* gibt es ein tolles Schwimmbad. Von dort kann man auch in den See

25 hinausschwimmen."

„Na ja, … mal sehen", meint Thea. Ihr gefällt dieser Ausflug nicht.

„So, und wir gehen jetzt am besten dort ins Gasthaus ‚Zum Schiff'. Wir müssen ja noch was arbeiten", sagt Hanna zu Gerd und Urs.

*

„Also Gerd, deine Familie ist wirklich sehr nett, aber Privates und

30 Geschäftliches zusammen … das ist nicht gut."

„Was stört dich denn daran, Hanna?", fragt Gerd.

„Wir können nicht so frei arbeiten und sprechen wie sonst. Jeden

---

2 **winken** *hier:* Zeichen mit der Hand zum Gruß – 8 **verdächtig** man denkt, eine Person macht etwas Verbotenes – 27 **das Gasthaus** einfaches, traditionelles Restaurant

Moment kann deine Familie zurückkommen. Und was dann?"

„So, jetzt hört auf zu streiten! Kommen wir zur Sache!", schlägt Urs vor. „Bei mir hat es sehr gut geklappt. Ich habe fast alle Uhren verkauft."

5 „Wo denn?", will Gerd wissen.

„In Hotels, am Zürcher Flughafen, in einem Geschäft, bei Leuten, die ich gut kenne … hier sind die Quittungen."

„Gratuliere zu dem guten Geschäft!", sagt Hanna. Aber sie hat ein komisches Gefühl dabei. Kann man Urs wirklich vertrauen?

10 „Ja, dann trinken wir auf den tollen Start …!" Gerd hebt sein Glas, und sie trinken von dem guten Schweizer Wein.

„Was ist los, Hanna? Du freust dich ja gar nicht." Gerd schaut sie fragend an.

„Ist schon gut. Also, wie
15 machen wir weiter?", will
Hanna wissen.

„Heute nehme ich nichts
mit. Ich hole die Uhren
dann nächste Woche
20 bei dir in *Bregenz* ab",
antwortet Urs.

Da klingelt sein Handy.
Er schaut auf das Display
– da steht die Nummer der Detektei ARGUS – und macht es schnell
25 wieder aus. „Ischt nütz gsi."

*

Die Fischers gehen in *Romanshorn* wieder auf die Fähre … zurück nach *Friedrichshafen*.

„Diese Hanna gefällt mir nicht", meint Jasmin, „aber Urs ist nett."

„Der Urs? Der sieht doch aus wie … wie ein Polizist", findet Luisa.

30 „Was sagst du da?? Das ist doch Quatsch! Urs ist ein ganz normaler Angestellter", sagt Gerd.

---

9 **vertrauen** glauben können, dass alles stimmt, was jemand tut und/oder sagt – 25 **Ischt nütz gsi.**
schweizerdeutsch für Es ist nichts gewesen.

„Bist du sicher? Wie gut kennst du ihn denn? Wo ist denn sein Arbeitsplatz?", fragt Thea.

„Jetzt hört mit dem Unsinn auf! Urs ist in Ordnung." Aber für sich denkt er: „Stimmt das wirklich?"

5 Bei der Ankunft in *Friedrichshafen* muss Gerd mit seiner Familie durch den deutschen Zoll.

„Moment bitte, haben Sie etwas zu verzollen?", fragt ihn eine Zollbeamtin.

10 „Nein, nichts", antwortet Gerd.

„Was haben Sie in Ihrem Koffer? Können Sie den bitte aufmachen?" Die Beamtin will nachsehen.

15 Jasmin und Luisa finden das interessant.

Der Koffer ist natürlich leer, es sind nur ein paar Papiere drin – alles in Ordnung.

„Nur gut, dass sie jetzt kontrolliert haben und nicht bei der Ankunft in *Romanshorn*", denkt Gerd. „So einen Ausflug mache ich nicht

20 mehr!"

 6

In der Detektei ARGUS in *St. Gallen* wartet der Chef, Willi Keller, auf das ‚Auge'.

„Hoi, Urs, da bist du ja endlich! Wo warst du denn die ganze Zeit?"

„Du weißt doch, ich bin da an einer Sache ... Schmuggel von Uhren,

25 gefälschten Schweizer Uhren ..."

„Ja, und ...", Willi unterbricht ihn, „wo sind die Ergebnisse?"

„So schnell geht das nicht. Außerdem, das ist keine große Sache."

„Warum machst du's dann? Du bist doch sonst immer so schnell und ..." Willi ist sehr unzufrieden.

---

8 **verzollen** etwas beim Zoll anmelden – 13 **die Beamtin** Angestellte bei einer staatlichen Institution –
26 **unterbricht** → **unterbrechen** *hier:* lässt ihn nicht weitersprechen

„Ja, ja ich weiß … bald kriegst du auch wieder einen dicken Fisch!",
verspricht Urs.

„Hoffentlich! Aber schnell, bitte, unsere Auftraggeber warten nicht
mehr lange."

5 „Blöde Siech", denkt Urs.

„Ach, da ist noch was. Die Marion von der Kasse hat mir eine
Rechnung von dir gezeigt – 660 SFR. Bist du verrückt?"

„Aber Chef, das gehört doch zu meinem Job als V-Mann! Zuerst
mache ich in einer Bande mit, verkaufe die Uhren, werde dann ihr

10 Partner … Und dann lasse ich sie hochgehen."

„Aber gleich so viel Geld! Also, bring diese Sache jetzt ganz schnell
zu Ende. Für das ‚Auge vom Bodensee' gibt es doch wichtigere
Aufgaben, oder? Und noch was, keine privaten Geschichten! Als
V-Mann lebst du nicht ungefährlich." Willi wird immer lauter.

15 „Okay, ich pass' auf", antwortet Urs müde und geht.

„Der Chef merkt, dass etwas nicht stimmt, und das ist nicht gut.
Nichts ist gut!", denkt er. „Und wie soll ich Hanna und Gerd sagen,
dass ich ein V-Mann bin? Und hinter ihrem Rücken gegen sie
arbeite. Wir sind doch Freunde!"

20 Urs geht in die Kathedrale … Dort kann er Ruhe finden und
nachdenken.

*

Sehr spät am Abend sitzt Gerd in *Friedrichshafen* immer noch an
seinem Schreibtisch … mit vielen Papieren und Rechnungen.

„Gerd, ich muss mit dir reden. Jetzt sofort!"

25 „No net huddla, Thea! Morgen …"

„Nein, jetzt gleich! Bitte Gerd, lass die Papiere, machen wir einen
Spaziergang."

„Na, gut."

„So Gerd, jetzt erkläre mir bitte ganz genau, was für Geschäfte du

30 machst."

---

1 **dicker Fisch** *hier:* man entdeckt eine große Sache – 3 **der Auftraggeber,** - gibt den Auftrag –
5 **blöde Siech** *schweizerdeutsch für* Blödmann – 8 **gehört zu** ist ein Teil davon – 8 **der V-Mann**
Abkürzung für Verdeckter Ermittler, ein Spion unter Kriminellen. Er macht alles mit; sie wissen
aber nicht, dass er ein Detektiv ist. – 9 **die Bande** Gruppe von Kriminellen – 20 **die Kathedrale**
große Kirche – 25 **No net huddla!** *schwäbisch für* Nur nicht so eilig!

„Thea, du musst mir aber zuerst versprechen, dass du niemand etwas erzählst."

„Ja, … ich sage nichts."

Dann erzählt Gerd ihr alles.

„Das ist ja kriminell! Weißt du, was du da tust?" Thea kann es nicht glauben.

„Macht dir das vielleicht Spaß?"

„Im Gegenteil! Ich habe immer Angst, dass etwas passiert."

„Ja, aber warum … warum machst du das alles?"

„Thea, du kennst doch unsere finanzielle Situation. Wir haben hohe Schulden. Und ich will das Haus so schnell wie möglich abzahlen.

15 Aber mit meiner Arbeit am Flughafen verdiene ich einfach nicht genug … ich habe mir große Sorgen gemacht … ich musste noch etwas anderes tun!"

„Aber Gerd, warum hast du mir nichts von deinen Sorgen erzählt?" Thea beginnt zu weinen.

20 „Meine liebe Thea, sei nicht traurig!"

Plötzlich bleibt sie stehen und schaut ihn an.

„Aber jetzt ist Schluss damit! Sonst … sonst trenne ich mich von dir!", sagt Thea sehr laut.

„Bitte leiser! Die Nachbarn hören sonst alles."

25 „Das ist mir egal. Ich will keinen Kriminellen als Mann. Du kannst wählen!"

„Ich höre auf damit … ich verspreche es dir."

Gerd umarmt sie, und sie gehen langsam zum Haus zurück.

*

30 Gleich am nächsten Morgen schickt Gerd eine E-Mail an die Kontaktadressen.

---

14 **die Schulden** *(Pl.)* man leiht Geld und muss es wieder zurückzahlen – 22 **sich trennen** *hier:* weggehen, Schluss machen

24

Dann ruft er Hanna und Urs an. Er bittet sie um ein Treffen am kommenden Samstag in *Bregenz*.
Und das soll für ihn der letzte Termin sein.

7

„Guten Morgen, Gerd, heute bist du aber früh da. Du musst noch
kurz warten. Ich habe gerade einen Kunden."
Hanna geht zurück zu einem Herrn im grauen Anzug.
„Na, das ist bestimmt kein armer Hund ... so wie ich", denkt Gerd.
„Meine Frau und ich gehen heute Abend in die Oper am See, und
ich möchte ihr noch etwas Schönes schenken. Eine Uhr, vielleicht?",
erzählt der Kunde.
„Ja, das ist eine sehr gute Idee! Ich habe auch ganz besonders
schöne Uhren hier ... echte Schweizer Uhren ... technisch perfekt",
sagt Hanna.
„Ja, bitte zeigen Sie mir alle."
„Hier, sehen Sie!" Hanna legt das gesamte Angebot aus.
„Sehr schön! Darf ich mir alles genau ansehen?", fragt der Kunde. Er
hat großes Interesse.
„Bitte schön, ... lassen Sie sich Zeit. Noch etwas: Ich kann Ihnen
einen günstigen Preis machen – ich bekomme nämlich von den
Firmen Rabatt."
„Hanna ist wirklich eine
gute Verkäuferin", denkt
Gerd.
Der Mann schaut jede Uhr
genau an, liest auch die
Prospekte dazu, fragt nach
den Preisen. Und er macht
sich Notizen.
„Also, die Uhren gefallen

mir alle sehr gut, besonders diese ‚Breitling'. Aber, Pardon! Ich kaufe
nicht so schnell ... ich muss erst noch einmal darüber nachdenken.

---

7 **armer Hund** *umgangssprachlich für* armer Mann – 30 **Pardon!** Entschuldigung!

Wie lange haben Sie denn heute auf?"

„Bis um drei. Aber ich reserviere diese Uhr gerne für Sie", bietet ihm Hanna freundlich an.

„Ja, merci! Uf Widerluege!"

5 „Du, Hanna, das war ein Schweizer, das hört man." Gerd ist ganz aufgeregt.

„Ja, und? Warum soll ein Schweizer nicht bei mir einkaufen?"

„Hanna, schau mal, irgendwas stimmt hier nicht. Wo ist seine Frau? Warum sucht sie sich die Armbanduhr nicht selbst aus? Warum

10 untersucht er alle Uhren so genau – und notiert sich alle Preise?"

„Na und, das ist doch alles ganz normal. Also, Gerd, du solltest Detektiv werden!"

„Und wenn das ein Spion ist, einer vom Zoll?" Gerd ist total nervös.

15 „Also, du siehst Gespenster!"

„Hanna, komm, wir packen alle Uhren hier in den Alu-Koffer von Urs und stellen ihn an die Hintertür – nur zur Vorsicht! Bitte!"

„Ich finde das nicht nötig. Aber, wenn es dich ruhiger macht …" Hanna ist jetzt auch etwas unsicher.

*

20 „Hanna, jetzt haben wir noch eine Stunde Zeit, bis Urs kommt. Ich muss dir etwas Wichtiges sagen."

„Was musst du mir denn sagen? Etwas sehr Schlimmes?" Sie ahnt nichts Gutes.

25 „Du kannst es positiv oder negativ sehen", antwortet Gerd ganz langsam.

30 „Komm, setz dich erst mal, und ich hol uns noch ein Bier aus dem Kühlschrank …", meint Hanna.

---

4 **Uf Widerluege!** *schweizerdeutsch für* Auf Wiedersehen! – 15 **du siehst Gespenster** du siehst zu viele Probleme – 24 **ahnen** fühlen, dass etwas passiert

„Prost Gerd … Also, was ist denn los?"

„Ja, Hanna, es ist so … ich … ich kann leider nicht mehr mitmachen."

„Was? Du willst aussteigen?" Hanna kann es nicht glauben. „Bist du sicher?"

„Ja, ich bin ganz sicher."

„Und warum so plötzlich?", fragt Hanna.

„Ach, Hanna, so plötzlich ist es nicht … ich denke schon länger daran."

„Aber warum? Das musst du mir erklären!"

„Weißt du, dieser Job … ich glaube, meine Nerven sind zu schwach dafür. Dauernd denke ich, jemand beobachtet mich. Und ich habe immer Angst, dass etwas passiert …"

„Ja, aber so ist das, in diesem Job. Damit müssen wir leben. Ist da nicht noch was anderes?", fragt Hanna.

„Ja … klar. Meine Frau hat entdeckt, was ich mache …"

„Oh je!"

„Sie ist natürlich total dagegen. Für sie bin ich ein Krimineller und sie trennt sich von mir … wenn ich nicht Schluss mache!"

„Hab ich's doch gewusst … dieses Treffen in *Romanshorn* … das war nicht gut!", sagt Hanna und lacht bitter.

„Tut mir leid, Hanna. Aber seit diesem Ausflug sehe ich auch alles klarer."

Sie sehen sich nur an und schweigen.

„Aber wie werden wir es Urs sagen?", fragt Hanna dann.

„Ich schlage vor, wir warten auf einen guten Moment … heute."

„Na ja, Gerd, du kannst ihm ja deine Kontaktadressen geben. Vielleicht arbeitet er allein weiter."

„Allein?"

„Ja, wenn du aufhörst, dann mache ich auch Schluss. Ohne dich – das geht nicht", erklärt sie.

„Aber Hanna!"

„Schau mal … ich habe auch Probleme mit diesem Schmuggel und außerdem, ich habe da eine sehr gute berufliche Möglichkeit. Ich

---

12 **beobachten** lange und genau auf etwas oder jemanden schauen – 16 **hat entdeckt → entdecken** etwas Interessantes finden, was vorher nicht bekannt war – 24 **schweigen** nicht sprechen

kann als Managerin der ‚Bregenzer Festspiele' arbeiten – sehr gut bezahlt."

„Gratuliere! Du, Hanna, dann verkaufen wir nur noch, was da ist."

„Einverstanden. Und dann ist Schluss."

*

5 „Grüezi Freunde!" Urs begrüßt die beiden sehr herzlich. „Das ist ein schöner Tag heute … und ein sehr wichtiger! Wir müssen dringend über ein paar Sachen sprechen … später."

„Warum tun wir das nicht gleich?", fragt Hanna.

„Nein, nein, nicht jetzt. Zuerst genießen wir zusammen einen
10 schönen Abend. Ich habe nämlich ein Geschenk für euch: Billets für die Oper ‚Tosca'."

„Das ist aber toll!", freut sich Hanna.

„Ich bin ja kein Freund von Opern – aber auf der *Seebühne*! Das ist was ganz Besonderes. Vielen Dank, Urs!" Gerd freut sich auch
15 sehr auf den Abend und denkt: „Das ist ein schönes Ende für unsere geschäftliche Verbindung."

„Urs, vorher muss ich dir aber noch was sagen. Da war heute so ein komischer Mann in meinem Geschäft …", erzählt Hanna.

„Also, man weiß ja nie … packt alle Uhren in meinen Koffer … zur
20 Sicherheit. Und stellt den Koffer zum Hintereingang."

„Schon alles fertig!", sagt Gerd kühl.

„Hoffentlich war das kein Spion, vom österreichischen oder Schweizer Zoll", meint Hanna.

„Ja, ja … diese Spione … gefährlich und unehrlich", sagt Urs leise
25 und traurig.

 8

‚Tosca' auf der *Seebühne* in *Bregenz*. Es ist ein schöner Abend, der See ist ganz ruhig. Die Sonne geht gerade unter und scheint durch das riesige Auge der Kulisse.

Langsam wird es dunkel, und die Oper beginnt. Die Musik von

---

10 **das Billet, -s** *schweizerdeutsch für* Eintrittskarte – 24 **unehrlich** nicht die Wahrheit sagen

Puccini ist so schön! Aber die drei denken an ganz andere Dinge.

„Wie soll ich das denn meinen Freunden erklären? Ich, als V-Mann unter ihnen, meine Lügen …", denkt Urs. Und er hat Angst davor.

„Wie soll ich Urs sagen, dass ich nicht mehr mitmache … Ich will ihn doch nicht verletzen!", überlegt Hanna.

„Ich bin so froh, dass bald alles vorbei ist … hoffentlich gibt es zum Schluss nicht noch Probleme … Ich möchte nur noch mit meiner Familie glücklich sein!", denkt Gerd.

*

Es ist eine wunderschöne Oper, aber sie hat ein schreckliches Ende.

Alle drei sind etwas traurig und schweigen. Sie gehen zum Hotel ‚Mercure‘ und finden im Restaurant einen ruhigen Platz in der Ecke.

„Sagt mal, wie fühlt ihr euch denn bei diesem Geschäft, bei diesem Schmuggel mit gefälschten Uhren?", fragt Urs.

„Mir geht es wirklich nicht gut dabei, ich möchte …", antwortet Hanna.

„Mir auch nicht … und dann meine Familie … ich habe Angst und

5 **überlegen** über etwas nachdenken

will damit aufhören. Du bist jetzt hoffentlich nicht böse auf mich?",
sagt Gerd.

„Nein, gar nicht … ich muss euch nämlich auch etwas sehr
Unangenehmes sagen … und ich fühle mich ganz schlecht dabei.

Also, ich arbeite für
die Detektei ARGUS
und soll Schmuggler-
banden suchen und
finden. Ja, und deshalb
habe ich bei euch
mitgemacht … als
V-Mann, als Spion."
„Das darf doch wohl
nicht wahr sein!", ruft
Hanna.

„Hab ich es dir nicht gesagt, Hanna … ich hatte doch gleich kein
gutes Gefühl …!" Gerd ist fast sprachlos.

„Bitte … Hanna, Gerd! Das ist für mich kein normaler Auftrag … wir
sind doch Freunde … Verzeiht mir, bitte!"

„Wie kannst du so etwas tun? Wie kannst du so mit uns spielen?"
Gerd kann es nicht verstehen.

„Und was tust du jetzt? Du musst uns doch jetzt verraten?", fragt
Hanna ganz aufgeregt und voller Angst.

„Moment mal, bitte! Habt keine Angst! Ihr habt ja selbst gesagt,
ihr wollt damit aufhören. Also, gebt mir alle Uhren und dann ist
Schluss."

„Wie soll das denn funktionieren?", will Gerd wissen.

„Na ja, es ist nicht leicht für mich. Aber ich melde euch nicht beim
Zoll und nicht bei der Polizei", erklärt Urs.

„Du bist doch ein guter Freund!", ruft Hanna und umarmt ihn.

*

Es ist kurz nach Mitternacht. Vor der Boutique von Hanna stehen
zwei Wagen.

---

17 **das Gefühl** das was man fühlt – 19 **verzeihen** etwas entschuldigen, vergeben – 22 **verraten**
hier: Informationen weitergeben und damit jmdm. schaden – 28 **melden** offiziell informieren

„Was soll das denn?", fragt Gerd.

„Vorsicht! Die sind bestimmt vom Zoll oder von der Polizei. Aber ich habe euch nicht verraten. Bitte glaubt mir!", sagt Urs leise.

„Schnell, ihr beiden, wir schleichen hier herum … zum Hintereingang", schlägt Hanna vor.

„Ich komme nicht mit", erklärt Gerd, „ich gehe zu meinem Wagen."

Leise öffnet Hanna die Hintertür und Urs nimmt den Koffer mit den Uhren.

„Ich bringe ihn weg … Tschüss, Hanna … ich rufe dich an!"

„Baba, Urs … pass auf!"

„Aufmachen! Öffnen Sie sofort die Tür!" Jemand ruft und klopft laut an der Vordertür der Boutique.

Hanna macht Licht und öffnet die Tür. Die Männer vom Zoll kommen herein.

„Wo haben Sie die ‚Schweizer' Uhren? Wir wissen Bescheid!", sagt einer der Männer.

„Ich weiß nicht, wovon Sie sprechen", antwortet Hanna ganz ruhig.

Urs springt in das Auto von Gerd: „Bring mich zum See … zu meinem Boot! Schnell!"

Gerd fährt sofort los. Ein Wagen folgt ihnen.

Am Ufer steigt Urs mit dem Koffer schnell aus, Gerd fährt weiter.

Urs springt in sein Boot, startet den Motor und fährt hinaus auf den dunklen See.

Plötzlich sieht er Lichter und hört den Motor von einem großen Boot.

„Ein Zollboot", weiß er sofort.

4 **schleichen** leise gehen, dass niemand etwas sieht und hört – 11 **Baba!** *österreichisch für* Tschüss! – 25 **folgen** *hier:* hinter ihnen fahren

Er wirft den Koffer über Bord. Die schönen Uhren versinken im dunklen Wasser. An der tiefsten Stelle des Sees.

Das große Boot kommt immer näher ... viele helle Lichter ... es rammt fast das Boot von Urs.

5 Im letzten Moment springt Urs ins Wasser und verschwindet in der Nacht.

Am nächsten Morgen ist alles wie immer. Das ‚Auge ...‘ schaut wieder auf den ruhigen, großen *Bodensee*.

Epilog

Urs Hägi arbeitet immer noch für die Detektei ARGUS. Vor einigen Tagen hat er aber ein Angebot von einer Sicherheitsfirma in Abu Dhabi bekommen. Er könnte viel verdienen. Aber leider kann man dort nicht Skifahren.

Hanna Perner ist Managerin der ‚Bregenzer Festspiele‘ geworden. Die Boutique gehört jetzt ihrer Tochter Britta.

Gerd Fischer arbeitet nicht mehr am Flughafen *Friedrichshafen*. Er ist jetzt Zollinspektor, denn er hat viel Berufserfahrung.

1 **werfen** *hier:* schnell ins Wasser bringen – 1 **versinken** *hier:* im Wasser verschwinden – 4 **rammen** dagegen stoßen – 5 **verschwinden** nicht mehr zu sehen sein

So sagt man am Bodensee

Adieu!	Auf Wiedersehen!
das Billet	Eintrittskarte
blöde Siech	Blödmann
der Bueb	Junge *oder* Sohn
Exgüsi!	Entschuldigung!
fö	für
Fründ	Freund(e)
Grüezi!	Guten Tag!
Gschäft	Geschäft(e)
Hoi!	Hallo!
Ischt nütz gsi.	Es ist nichts gewesen.
Merci!	Danke!
sönd	sind
Uf Widerluege!	Auf Wiedersehen!

österreichisch

Ba *oder* **Baba!**	Tschüss!
heuer	in diesem Jahr
Servus!	Hallo! *oder* Auf Wiedersehen!

schwäbisch

Ade!	Auf Wiedersehen!
a bissle	ein bisschen
das Heisle	das (eigene) Haus
No net huddla!	Nur nicht so eilig!

Das gibt es bei uns!

① **Zürcher Geschnetzeltes** *(Urs Hägis Rezept)*

Zutaten für vier Personen:

600 g Kalbfleisch

250 g frische Champignons

50 g Zwiebeln

50 g Butter (oder Öl)

125 ml Wein (oder Wasser)

200 g Sahne

Petersilie

Salz, Pfeffer

Zubereitung:

1. Fleisch in dünne, schmale Streifen schneiden
2. Champignons putzen und in feine Streifen schneiden
3. Zwiebeln klein hacken
4. Butter oder Öl in einer Pfanne oder in einem Topf heiß machen
5. Fleisch kurz anbraten, dann herausnehmen
6. Champignons und Zwiebeln kurz anbraten
7. Wein oder Wasser dazugeben und 5 Minuten leicht kochen
8. Fleisch wieder in den Topf geben und 5 Minuten leicht kochen
9. Sahne einrühren und Petersilie, Salz und Pfeffer dazugeben
10. Pfanne/Topf zudecken und 2 bis 3 Minuten ziehen lassen (nicht kochen!)

Guten Appetit!

② **Fliegen Sie mit!**
www.zeppelin-museum.de

③ **Der Bodensee von oben!**
Mit der Pfänder-Panoramagondel kann man auf den Hausberg
hinauffahren und von dort die wunderschöne Aussicht
genießen oder die Adlerwarte besuchen oder …

Fragen und Aufgaben zu den einzelnen Kapiteln

Kapitel 1

1 Wie ist der Familienname dieser Personen und welche Staatsangehörigkeit haben sie? Ergänzen Sie.

Hanna ——————————— ist Österreicherin.

Gerd ———————— ist ————————— .

Urs ———————— ist ————————— .

2 **Warum sind Gerd und Hanna in der *Schweiz*? Kreuzen Sie an.**

   A Sie machen zusammen Urlaub.   ❑

   B Sie machen Geschäfte.   ❑

   C Sie sind in einem Skikurs.   ❑

3 Wie laufen die Geschäfte ab? Wie ist die richtige Reihenfolge?

☐ Hanna verkauft die Uhren, in der Boutique und anderswo.
☐ In den Paketen sind Uhren, aber das weiß nur Gerd.
☐ Hanna und Gerd machen die Preise.
1 Am Flughafen in *Friedrichshafen* kommen Pakete an.
☐ Gerd bringt die Uhren nach *Bregenz*.

4 Richtig (r) oder falsch (f)? Kreuzen Sie an.

	r	f
1. Gerd und Hanna verkaufen gefälschte Uhren.	☐	☐
2. Urs findet das Geschäft kriminell.	☐	☐
3. Die Zertifikate für die Uhren sind aber echt.	☐	☐
4. Urs will nicht mitmachen.	☐	☐
5. Urs soll die Uhren auch in der *Schweiz* verkaufen.	☐	☐

Kapitel 2

1 Für wen arbeitet die Detektei ARGUS?

Für die Schweizer ——————————— .

2 Richtig (r) oder falsch (f)? Kreuzen Sie an.

	r	f
1. Die Schweizer stellen zu viele Uhren her.	☐	☐
2. Es gibt zu viele gefälschte Schweizer Uhren.	☐	☐
3. Polizei und Zoll sind eine große Hilfe.	☐	☐
4. Die gefälschten Uhren machen das Geschäft kaputt.	☐	☐
5. Das ‚Auge' hat neue Informationen.	☐	☐

3 Was lesen Sie über die Familie Hägi? Ergänzen Sie.

> Käserei • Appenzell •
> Berge •
> Hügel • Mutter

Urs Hägi fühlt sich in seiner

Heimat, in _____,

sehr wohl.

Es ist ein sehr schönes Land mit grünen _____

und hohen _____. Die Familie Hägi hat eine

_____. Aber seine _____ lebt

allein. Das ist nicht so gut.

Kapitel 3

1 In welcher Stadt hat Hanna ihre Boutique?

In _____, das ist in _____.

2 Richtig (r) oder falsch (f)? Kreuzen Sie an.

	r	f
1. Die Uhren sind am Freitag aus Moskau angekommen.	☐	☐
2. Es ist ein gutes Geschäft mit geringem Risiko.	☐	☐
3. Gerd möchte gern mit Urs zusammenarbeiten.	☐	☐
4. Urs soll mit dem Boot zur Anlegestelle kommen.	☐	☐

3 Urs sieht die Kulisse für die Oper ‚Tosca'. Was denkt er?

Man nennt mich auch das ‚_____'.

4 Was ist hier richtig? Kreuzen Sie an.

1. Der Großvater von Urs hat Uhren ☐ verkauft ☐ gesammelt.
2. Urs zeigt sich ☐ optimistisch ☐ nicht optimistisch.
3. Gerd ☐ vertraut Urs ☐ vertraut ihm nicht.
4. Urs hat ☐ Angst ☐ keine Angst vor der Zollkontrolle.

Kapitel 4

1 Welche zwei Informationen sind hier falsch? Notieren Sie.

Das Flugzeug kommt pünktlich an. • Auf einem Paket steht ‚Uhren'. • Eine Kollegin kommt zurück. • Gerd fährt nach Hause. • Er möchte mit seiner Frau sprechen. • Gerd verdient am Flughafen nicht genug.

2 Womit ist Gerds Frau unzufrieden? Kreuzen Sie an.

A Gerd arbeitet zu viel und zu lang.   ☐
B Er verdient nicht genug.   ☐
C Er ist am Wochenende zu oft weg.   ☐
D Der Haushalt und die Kinder machen zu viel Arbeit.   ☐
E Er hat für sie und für die Kinder zu wenig Zeit.   ☐

3 Welche Idee hat Gerd für den Sonntag?

Die Familie macht zusammen einen _____

in die *Schweiz*. Und dort kann Thea die Geschäftsfreunde von

Gerd _____ .

Kapitel 5

1 Was passiert am Anfang? Notieren Sie die richtige Reihenfolge.

☐ Die Fähre kommt in *Romanshorn* an.

☐ Die Kinder haben viele Fragen zu dem Koffer.

☐ Gerd kauft den Kindern ein Eis.

☐ Die Leute vom Zoll kontrollieren die Familie nicht.

1 Familie Fischer steigt in *Friedrichshafen* auf die Fähre.

☐ Hanna und Urs begrüßen die Fischers.

☐ Gerd zeigt den Kindern einen Zeppelin.

2 Ergänzen Sie.

Gerd hat in dem Koffer keine _____ , sondern

_____ !

3 Wie fühlen sich diese Personen? Kreuzen Sie an.

1. Die Kinder sind ☐ zufrieden ☐ unzufrieden.
2. Gerd ist ☐ ganz ruhig ☐ ziemlich nervös.
3. Die Kinder finden den Ausflug ☐ langweilig ☐ interessant.
4. Hanna ☐ freut sich über das Treffen ☐ freut sich nicht.
5. Der Ausflug ☐ gefällt Thea ☐ gefällt Thea nicht.

4 Warum ist der Koffer bei der Ankunft in *Friedrichshafen* leer? Was meinen Sie?

Kapitel 6

1 Wer ist das ‚Auge vom Bodensee'?

2 Was ist richtig? Kreuzen Sie an.

1. Willi Keller ist mit Urs ☐ sehr zufrieden ☐ unzufrieden.
2. Urs hat ☐ viele ☐ keine Ergebnisse.
3. Er macht als V-Mann in einer Bande ☐ mit ☐ nicht mit.
4. Urs ist mit Hanna und Gerd ☐ befreundet ☐ nicht befreundet.

3 Was muss Urs als V-Mann tun? Wie ist die richtige Reihenfolge?

☐   Er macht Geschäfte mit ihr.
☐1   Zuerst lernt er die Bande kennen.
☐   Dann informiert er sein Büro und die Polizei.
☐   Er wird Partner in der Bande.

41

Kapitel 7

**1 Warum meint Gerd, der Kunde ist vielleicht vom Zoll?
Kreuzen Sie an.**

1. Er trägt einen grauen Anzug. ☐
2. Seine Frau sucht die Uhr nicht ☐
   selbst aus.
3. Er kauft die Uhr nicht sofort. ☐
4. Er untersucht alle Uhren ganz ☐
   genau.
5. Er will am Nachmittag wiederkommen. ☐
6. Er notiert sich alle Preise. ☐

2 Was machen Hanna und Gerd mit den Uhren?

**3 Wie bewertet Gerd seine Gründe für das Aufhören?
Wählen Sie aus und kreuzen Sie an.**

3 = sehr wichtig   2 = weniger wichtig   1 = unwichtig

1. Für diesen Job sind meine Nerven zu schwach.   3 2 1
2. Dauernd denke ich, dass mich jemand beobachtet. 3 2 1
3. Ich habe immer Angst, dass etwas passiert.   3 2 1
4. Meine Frau hat entdeckt, was ich mache.   3 2 1
5. Sie trennt sich von mir, wenn ich nicht aufhöre. 3 2 1

Kapitel 8

1 Die Oper ist sehr schön. Aber die drei denken an ganz andere Dinge. Wer hat diese Gedanken? Hanna, Gerd oder Urs?

1. Wie soll ich Urs sagen, dass ich nicht mehr mitmache?_____

2. Hoffentlich gibt es zum Schluss nicht noch Probleme. _____

3. Wie erkläre ich den Freunden, dass ich ein V-Mann bin? _____

4. Ich bin so froh, dass bald alles vorbei ist. _____

2 Das Ende der Geschichte. Wie ist die richtige Reihenfolge?

☐ Hanna und Urs schleichen zur Hintertür.

☐ Urs springt in sein Boot und fährt los.

☐1 In der Nacht kommen sie zur Boutique und sehen Autos vor der Tür.

☐ Urs nimmt den Koffer und läuft weg.

☐ Urs hört ein Boot vom Zoll und wirft den Koffer in den See.

☐ Hanna lässt die Männer vom Zoll herein.

☐ Gerd bringt Urs mit dem Wagen zur Anlegestelle.

☐ Urs springt ins Wasser und verschwindet.

☐ Jemand klopft laut an der Tür und ruft „Aufmachen!".

Fragen und Aufgaben zum gesamten Text

1 **Welche Städte liegen direkt am Bodensee? Kreuzen Sie an.**

A *Bregenz* ☐
B *Lindau* ☐
C *St. Gallen* ☐
D *Konstanz* ☐
E *Ravensburg* ☐
F *Friedrichshafen* ☐

2 **Was passt zu wem? Hanna (H), Gerd (G) oder Urs (U)?**

1. Ich liebe die Natur, besonders unseren *Bodensee*. ____

2. Skifahren ist mein Leben! ____

3. Alles muss seine Ordnung haben. ____

4. Niemand soll wissen, wer ich bin. ____

5. Meine Familie, mein Heisle, was brauche ich mehr? ____

6. Ich muss hinaus – hinaus auf den See! ____

7. Das Leben ist schön, bei gutem Essen und … ____

**3 Wie geht es Gerd, Hanna und Urs nach drei Jahren?
Was meinen Sic? Kreuzen Sie an.**

Gerd
- findet seine neue Arbeit gut, aber ein bisschen langweilig ☐
- denkt gern an die frühere spannende Zeit zurück ☐
- bekommt noch unangenehme Anrufe aus dem Ausland ☐
- baut kleine Zeppeline und verkauft sie ☐

Ihre Idee? _____

Hanna
- ist als Managerin der Festspiele sehr erfolgreich ☐
- spielt mit in dem neuen Tatort-Krimi ‚Das Auge vom See' ☐
- hilft oft ihrer Tochter in ihrer Boutique ‚Brittas Traum' ☐
- trifft sich wieder mit Urs – warum, weiß man nicht ☐

Ihre Idee? _____

Urs
- arbeitet jetzt für den Sicherheitsdienst einer Bank in *Zürich* ☐
- ist mit einer Österreicherin verlobt und will bald heiraten ☐
- macht aus der Käsefabrik eine Schau-Käserei für Touristen ☐
- ist immer noch Skilehrer, besonders für VIPs ☐

Ihre Idee? _____

Lösungen

Fragen und Aufgaben zu den einzelnen Kapiteln

Kapitel 1
1 Perner; Fischer, Deutscher; Hägi, Schweizer
2 B
3 5, 2, 3, 1, 4
4 1. r, 2. r, 3. f, 4. f, 5. r

Kapitel 2
1 Uhrenindustrie
2 1. f, 2. r, 3. f, 4. r, 5. r
3 Appenzell, Hügeln, Bergen, Käserei, Mutter

Kapitel 3
1 Bregenz, Österreich
2 1. r, 2. f, 3. f, 4. r
3 Auge vom Bodensee
4 1. gesammelt, 2. optimistisch, 3.vertraut ihm nicht, 4. keine Angst

Kapitel 4
1 Auf einem Paket steht ‚Uhren'. Er möchte mit seiner Frau sprechen.
2 A, C, E
3 Ausflug, kennen lernen

Kapitel 5
1 5, 2, 3, 6, 1, 7, 4
2 Papiere, Uhren
3 1. unzufrieden, 2. ziemlich nervös, 3. langweilig, 4. freut sich nicht, 5. gefällt Thea nicht
4 Gerd hat die Uhren Hanna gegeben.

Kapitel 6

1 Urs Hägi

2 1. unzufrieden, 2. keine Ergebnisse, 3. mit, 4. befreundet

3 3, 1, 4, 2

Kapitel 7

1 2., 4., 6.

2 Sie packen die Uhren in den Koffer von Urs und stellen ihn an die Hintertür.

3 *Persönliche Meinung*

Kapitel 8

1 1. Hanna, 2. Gerd, 3. Urs, 4. Gerd

2 2, 7, 1, 3, 8, 5, 6, 9, 4

Fragen und Aufgaben zum gesamten Text

1 A, B, D, F

2 1. H, 2. U, 3. G, 4. U, 5. G, 6. U, 7. H

3 *Persönliche Meinung*

Bildquellen

S. 6: Säntis Schwebebahn AG, Schwägalp;
S. 11: Corbis (John Miller/Robert Harding World Imagery), Düsseldorf;
S. 13: Imago Stock & People (Peter Widmann), Berlin;
S. 15: Fotolia LLC (Rene Pescht), New York;
S. 19: iStockphoto, Calgary, Alberta;
S. 20, oben links: Comstock, Luxemburg;
S. 20: Ullstein Bild GmbH (Michael Sz+Ânyi), Berlin;
S. 29: Picture-Alliance (Barbara Gindl), Frankfurt;
S. 34: StockFood GmbH, München;
S. 35, oben: iStockphoto, Calgary, Alberta;
S. 35, unten: Pfänderbahn AG, Bregenz;
Umschlag: Picture-Alliance (Barbara Gindl), Frankfurt